ÉLOGE DE M. IGNON

Prononcé en séance publique du Conseil général du département et du Conseil municipal de Nimes, le 30 Août 1862

Par M. NICOT

Secrétaire perpétuel de l'Académie du Gard

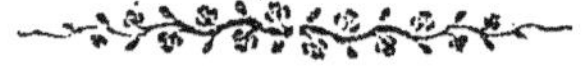

NIMES

DE L'IMPRIMERIE CLAVEL-BALLIVET ET Cᵉ

PLACE DU MARCHÉ, 8

—

1862

ÉLOGE DE M. IGNON

Prononcé en séance publique du Conseil général du département et du Conseil municipal de Nimes, le 30 Août 1862

Par M. NICOT

Secrétaire perpétuel de l'Académie du Gard

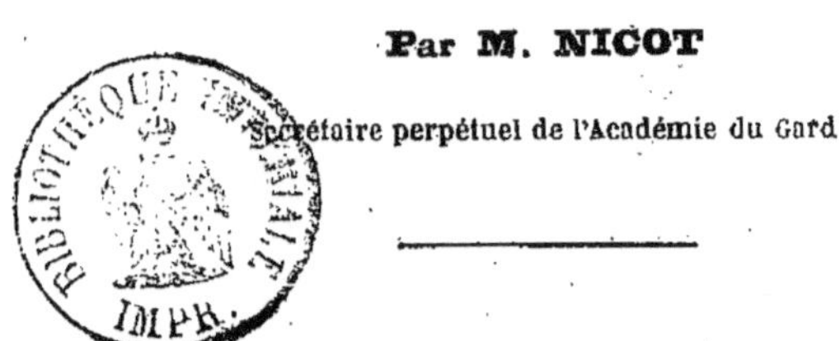

MESSIEURS,

Ce n'est point un vain usage que celui d'honorer la mémoire des académiciens qui ne sont plus, en rappelant les titres qu'ils ont à nos regrets et ceux qu'ils eurent à l'estime publique. Raconter leur vie, c'est les faire revivre au milieu de nous, et reformer, en quelque sorte, un lien qui nous fut cher, et lorsqu'ils ont réuni à de hautes facultés de l'esprit la simplicité du caractère et l'intégrité des mœurs, le récit n'est plus une émotion, un tribut confraternel, il devient un véritable enseignement.

C'est ainsi, Messieurs, que je voudrais vous faire retrouver aujourd'hui, vous rendre l'homme éminent et bon que la mort est venue si prématurément enlever à sa famille, à la magistrature et à l'Académie du Gard.

Charles-Julien Ignon naquit à Viviers, le 9 janvier 1798. Son père alla bientôt après établir une imprimerie à Mende, et c'est là qu'auprès de ses bons parents, il contracta, dès les premiers jours de la vie, des habitudes régulières et droites. La famille les inspirait, les lieux mêmes les commandaient. Vous l'avez remarqué, Messieurs : tandis que l'homme naissant, habitant la plaine et les contrées fertiles, se livre à l'action avec ardeur ; que l'habitant du littoral a un instinct de mouvement et d'aventure, l'homme des pays de montagnes s'avance dans la vie circonspect, calme, réfléchi. Cette empreinte, nous avons pu la reconnaître quand de l'enfance le jeune Ignon passa à l'adolescence. A cette époque, il fut conduit au lycée de Nice où son père avait obtenu pour lui une bourse. J'étais alors attaché à cet établissement, et comme l'enseignement est une milice, je dirai que je faisais là mes premières armes. Il ne me fut pas difficile de reconnaître, dès les premiers devoirs donnés, qu'il y avait dans le nouveau venu, dans ce bienvenu, mémoire étendue, perception prompte, application soutenue, volonté énergique, penchants sérieux. Aussi les progrès furent rapides, non moins rapides que ceux de son émule feu Adolphe Blanqui, le savant et spirituel économiste. Je compris sans peine qu'un jour l'homme vaudrait autant et plus que l'écolier.

Une circonstance me révéla tout à coup son amour du travail et la fermeté de son caractère. C'était au mois d'avril 1814. La chute de l'Empire avait amené pour nous bien des tristesses et des déchirements. Des soldats ennemis, irrités de leurs défaites sur l'Adige, étaient venus dans nos salles et nos cours, surprises et comme honteuses de leur présence. Restés seuls de toutes les administrations françaises dans un pays qui avait cessé d'appartenir à la France; entièrement abandonnés au milieu de ces bataillons intrus, nous soutenions les jeunes courages de nos élèves. Notre Lozérien ne faillit pas à l'épreuve. Du 25 avril au 30 juin, jour de notre commun départ, il nous écouta et travailla avec la même ardeur que dans les temps les plus paisibles. Il se consolait, il s'animait quand nous nous écriions : *Exoriare aliquis nostris ex ossibus ultor !*

Ce vengeur est enfin venu. D'une main puissante et hardie, il a rendu à la France cette belle province si tristement perdue en 1814, réparant ainsi les abaissements qui avaient si vivement impressionné, mais sans l'abattre, l'âme généreuse du patriote lycéen.

En quittant Nice, où ses études n'étaient pas terminées, Charles-Julien fut placé, par son père, dans l'institution Sainte-Barbe, et dans cette école célèbre il put trouver sinon plus d'affection, du moins un savoir plus ferme, une expérience plus consommée. Aussi le père, satisfait de ce séjour de Paris, prit-il la détermination de faire faire là même un cours de droit qui fut suivi avec succès et achevé en 1819.

Aux leçons de l'école succédèrent alors les leçons du monde et des choses. Dans cette nouvelle éducation, il montra encore deux éléments qui se confondaient : l'ampleur de l'entendement et la rectitude des penchants. Le jeune avocat vint s'établir à Mende, et dès ses débuts se plaça au premier rang. Il fut bientôt, et pendant plusieurs années, bâtonnier de l'ordre. Sa réputation grandissait chaque jour avec le nombre de ses clients et l'estime sympathique des magistrats.

Le 28 août 1830, il fut nommé procureur du roi à

Mende , sans avoir occupé d'autres postes intermé-
diaires qu'une étroite suppléance de juge de paix (13
décembre 1829). Sa vie prit alors un autre cours.
Ce ne fut plus une suite continue d'ardents combats
de paroles , mais une fonction plus-calme et plus
haute. Il cessa de combattre , parce qu'il avait trop
bien combattu. Quatre ans plus tard , il fut nommé
conseiller à la cour de Nimes par l'influence d'un
légiste célèbre, M. Merlin, qui avait eu occasion de
remarquer la science et la sagesse de l'étudiant.

Précédé d'une excellente renommée , il vint s'asseoir avec éclat à côté des Daunant, des Fajon, des
Saint-Albin Trinquelague, des Ferrand, des Lapierre.

Ses collègues ne tardèrent pas à reconnaître , par
les rapports dont il était souvent chargé et par l'expo-
sition si nette et si savante de son opinion dans les
diverses causes, combien était grande la valeur du
nouveau conseiller. C'est que, homme judiciaire avant
tout, il aimait les affaires, y excellait, s'entendant aux
plus diverses, depuis l'éternel litige du mur mitoyen et
le pétitoire et le possessoire jusqu'aux questions d'état
de l'ordre le plus élevé. C'est qu'il donnait chaque jour
des preuves d'un zèle actif et d'une profonde connaissance des lois. Pour acquérir cette connaissance, il
étudiait avec cette attention patiente, opiniâtre que
quelques esprits superficiels regardent comme un
signe de lenteur dans l'exercice de l'intelligence, mais
que les hommes réfléchis considèrent comme une
marque de puissance. Enfermé dans son cabinet, il
y lisait assidument, scrupuleusement les notes, mé-
moires, requêtes, apostilles qui lui étaient remises,
et il le faisait sans partialité et sans faiblesse, ne se
laissant jamais gagner par des persuasions artificieu-

ses ou fléchir par des larmes étudiées, sachant bien, pour rappeler ici un noble langage, que le magistrat est appelé à rendre des arrêts et non pas des services.

Il fallait le voir, surtout quand il était appelé à présider ces assemblées judiciaires où des magistrats longtemps habitués à interpréter et à appliquer la loi sont mêlés à ces citoyens probes et libres dont la mission est éphémère, les intentions généreuses, mais dont les opinions sont quelquefois si flottantes et si incertaines.

Dans ces affaires où éclate souvent une animation dramatique et où règne un intérêt si puissant; car, comme le dit un magistrat distingué, M. Oscar de Vallée, pour les esprits cultivés et les cœurs généreux, un procès criminel sera toujours la plus humaine et la plus pathétique des leçons; dans ces causes où l'accusation et la défense font, tour à tour, entendre des accents pénétrants, le président Ignon savait ramener le calme dans les cœurs émus et quelquefois égarés; il savait dissiper les obscurités souvent accumulées par la défense elle-même, opposer à des systèmes captieux des expositions claires et des principes vrais qui faisaient de ses résumés de véritables plaidoyers.

Ce fut surtout un jour de succès que celui où se jugea une cause retentissante : celle d'une rapace association de malfaiteurs qui avaient jeté l'épouvante dans notre cité.

D'un côté, la défense armée d'une parole abondante, colorée et vibrante (1); de l'autre, l'accusation

____

(1) M. Alph. Boyer.

soutenue par ce magistrat éloquent (¹) que son talent a fait asseoir sur le siége élevé de la cour suprême , et au dessus, ou pour mieux dire à côté, le président Ignon résumant avec autant de lucidité que de force tous les arguments présentés et continuant l'universelle émotion. Oui , ce fut un admirable tournoi que celui où l'un était poussé par l'ardeur de sa belle âme , et les autres animés et retenus à la fois par la gravité de leur ministère ; où tous les trois , combattants éprouvés , jouteurs intrépides, montrèrent leurs trois fortes et belles intelligences et jetèrent de leurs lèvres émues les accents de leurs puissantes voix dont l'une , hélas ! ne retentira plus dans l'enceinte du prétoire.

En parlant de ses succès , puis-je oublier le reproche que j'ai entendu mêler quelquefois à des éloges si bien mérités ?

Celui d'apporter un excès de sévérité dans l'interprétation ou l'application de la loi. Ah ! Messieurs, que ce reproche ne pèse pas sur cette mémoire. Jamais le président Ignon ne fut sans miséricorde ; jamais il ne voulut s'infliger à lui-même le supplice de compter ses arrêts par ses remords.

Non, Messieurs, non ; mais c'est qu'il voyait surgir, au sein de notre société , quelques doctrines fatalement complaisantes , un genre hideux de perversité se répandre , et quelques hommes qui , sous le nom de récidivistes , épouvantent le pays.

C'est alors qu'armé de cet empire de la raison ferme sur les mollesses du cœur, de l'ascendant de la vertu sur le crime , il appelait sur les coupables les

---

(1) M. Plougoulm.

anathèmes de la loi, se posant comme ces vigilantes sentinelles des avant-postes qui avertissent et ne reculent pas ; qui, en même temps qu'elles avertissent, résistent et combattent.

Ces succès de paroles, cette position élevée du magistrat appelèrent sur lui l'attention de l'Académie. Il y fut admis et y apporta des connaissances variées en droit, en numismatique, en épigraphie, en économie politique, et il fit remarquer la propension irrésistible de son esprit vers les lettres sereines et sensées. Repoussant avec mépris ces compositions désordonnées, fangeuses et corrûptrices qui nous présentent presque chaque jour les plus grands écarts de l'imagination sous les exagérations de la forme, il ne s'attachait qu'aux œuvres saines et vivifiantes qui reposent et fortifient l'âme, qui la guérissent même en lui préparant de nouveaux épanouissements.

Nous ne fûmes pas surpris de ce bon goût, de ce bon sens. L'idée du juste et celle du beau découlent de la même source. L'amour de ce qui est droit et vrai, qui doit être pour les magistrats l'objet d'un culte, a des rapports intimes avec le goût littéraire ; l'un et l'autre ne sont que la conformité à ce type primitif de lumière vraie (*lux vera*) ou d'idéale beauté que Dieu déposa dans l'intelligence humaine.

M. Ignon fut donc un membre utile de l'Académie. Souvent il nous soumit des rapports substantiels sur des objets d'antiquité ou des ouvrages de législation, et un jour, se laissant aller à une véritable confidence, il nous proposa des vues de réforme sur les prisons et le code pénal où nous reconnûmes qu'il avait été guidé par un intérêt disciplinaire et moralisateur.

Mais c'est surtout au congrès de 1844 qu'il présenta

des observations neuves sur le mode de recrutement actuel de la magistrature judiciaire et civile — sur l'omnipotence du jury — sur des moyens à employer pour diminuer le nombre des crimes — sur la destination à donner aux fonds placés dans les caisses d'épargne — sur la réforme du système hypothécaire — sur la question alors agitée de la mobilisation de la propriété — sur les divers systèmes pénitentiaires.

Nous nous rappelons surtout avec quels accents pénétrants, quelle force d'argumentation, il condamna, dans la section que nous avions l'honneur de présider, le système pensylvanien, c'est-à-dire celui de l'isolement. Laissez, disait-il, cette communauté de travaux et de peines qui est la consolation et l'enseignement du détenu ; laissez-le, puisqu'il est destiné à rentrer dans la société, ouvrir son âme aux pensées morales et à la confraternité. N'est-ce donc pas assez des insomnies de la nuit pour faire place aux remords, et faut-il répandre sur la vie entière du condamné ces ombres désespérantes de la solitude qui feront de sa cellule un tombeau vivant ?

Nous nous garderons de prétendre avec un chancelier, un peu hyperbolique dans son enthousiasme (1), que M. Ignon exerçât, quoique sans sceptre et sans couronne, une véritable royauté, cette royauté du magistrat pareille à cette lumière qui éclate sur le front des monarques ; mais nous dirons plus simplement, et conséquemment beaucoup mieux, que tous ses efforts ne tendaient qu'à faire régner la justice ; qu'elle était son plus grand plaisir ; qu'il était sans

(1) Lamoignon.

cesse occupé de maintenir le *jus suum cuique ;* qu'il était le protecteur des faibles et le défenseur de tous les principes sur lesquels repose le bonheur de la société et la paix de l'homme de bien.

Aussi, Messieurs, le gouvernement lui a donné plus d'une fois des marques de la plus bienveillante justice, d'abord en lui accordant, le 8 mai 1845, une honorable distinction, et tout récemment un intelligent ministre ([1]) le choisit pour aller montrer à la cour de Chambéry, en qualité de président, ce que vaut et peut la magistrature française : proposition flatteuse, à laquelle pourtant il opposa un refus, motivé sur la peine, sur l'impossibilité de se séparer d'une cour où il siégeait depuis vingt-six ans.

Si le magistrat se faisait remarquer au palais et l'académicien dans nos assemblées, disons que quand il avait quitté la toge ou le fauteuil, il n'était pas moins bien venu, bien posé au foyer domestique.

Si, comme on l'a dit, la vie privée ne devait pas être *murée*, je voudrais vous faire pénétrer, Messieurs, dans cet intérieur si pur, si respecté, où l'époux et le père trouvaient, avec le dévoûment le plus tendre et les soins les plus empressés, le repos si doux après les soins agités de la vie publique. Je voudrais qu'il me fût permis de peindre cette étroite et patriarcale demeure, où ses mœurs simples, régulières et avenantes, son caractère plein de bonté créaient pour ceux qui l'entouraient une atmosphère de paix et de bonheur.

Peu ami du bruit, peu porté vers les divertissements du monde, il aimait à vivre dans la retraite,

(1) M. Delangle.

cette retraite qui a toujours des charmes pour les
esprits méditatifs et les cœurs honnêtes. C'est dans
son cabinet, sorte de solitude qu'il s'était faite, que se
passait pour lui la plus grande partie de son temps,
et il ne se reposait des fatigues que causait l'application de la loi qu'en cherchant à la perfectionner,
comme il le fit dans quelques circonstances que j'ai
rappelées.

Comme il nous a été donné de bien connaître
M. Ignon sous ses trois formes, de magistrat, d'académicien, d'homme privé, nous ne craignons pas de
dire qu'il nous semble avoir accompli la triple et
grande loi divine; car, comme l'a dit un professeur
éloquent de nos jours (¹) : « Trois buts ont été pro-
» posés à l'âme de l'homme quand elle naquit du
» souffle de Dieu : la vérité dans l'ordre rationnel des
» idées, la justice dans l'ordre politique des faits, la
» beauté dans l'ordre littéraire de l'expression. »

Il ne me reste plus qu'à ajouter un dernier et lugu-
bre trait à cette imparfaite esquisse.

Le mal, Messieurs, est l'épreuve des âmes fortes.
Cette résistance de l'homme qui conserve cette éner-
gie, cette placidité qui laisse à l'intelligence le jeu de
ses plus nobles facultés, cette lutte opiniâtre des Job,
des Posidonius, est un titre d'honneur pour l'huma-
nité et le signe d'une nature d'élite. Pour les âmes
ainsi trempées, la mort n'anéantit pas ; elle délivre,
et le tombeau n'est que le seuil de l'immortalité.

Le conseiller Ignon l'a prouvé. Sur ce lit, où la souf-

---

(1) M. Gatien-Arnoult, professeur de philosophie à la faculté
de Toulouse.

france succédait à la souffrance ; dans ces moments d'affaissement et de trouble, où les forces s'épuisaient et non la résignation, il regardait en face l'instant suprême avec le calme de ceux qui ont bien vécu : *Spiritu magno vidit ultima* [1]. Entraîné par son zèle, et comme le soldat intrépide qui demande, tout blessé qu'il est, à retourner sur le champ de bataille, il nous exprimait, quelques jours avant l'instant fatal, le regret de ne pouvoir remonter sur son siége et retrouver cette double famille de dignes magistrats et de lettrés modestes, où il aurait encore rencontré des cœurs amis, et ce qui était aussi un puissant attrait, où il aurait eu encore occasion d'exercer sa pensée et de remplir des devoirs.

Il témoignait surtout le chagrin de ne pouvoir aller pour la soixante-quatrième fois présider une session d'assises à laquelle il venait d'être nommé. Cet honneur, cette joie lui furent refusés, et le 9 mars dernier, il cessa de vivre, aidé de ces secours religieux qui soutiennent les défaillances de la vie et adoucissent les angoisses de la mort.

Premier interprète de la douleur publique, la compagnie au sein de laquelle il avait versé tant de lumières et montré tant de zèle se mit solennellement à la tête de ce deuil si profond. Ce fut un spectacle saisissant que celui de cette longue ligne de magistrats, que suivait un barreau d'élite et une foule morne et recueillie, accompagnant l'homme qu'elle avait vu être toujours l'effroi des méchants et l'ami des bons.

Pardonnez, Messieurs, ces sombres détails à mon

(1) Ecclésiastique, XLVIII, 27.

âme brisée ; pardonnez cette funèbre et longue effusion, où je n'ai pu défendre mon esprit des séductions de mon cœur.

C'est cet homme savant et bon qui inaugura ma carrière, et si ses succès au barreau et dans la magistrature, si sa participation aux travaux de l'Académie ont été pour moi un honneur, n'était-il pas naturel que sa fin prématurée fût aussi un sujet de regrets à jamais douloureux et presque personnels ? Ah ! tant que l'amour de la justice et du devoir, tant que la vie pure et magistrale seront appréciés comme de véritables vertus, le nom du conseiller et de l'académicien Ignon sera prononcé avec intérêt et sympathie. Nous nous le rappellerons, avec la droiture de son esprit, la simplicité de ses mœurs et les forces de son intelligence. Il sera à jamais pour nous un exemple et un encouragement.

Nimes. — Typ. Clavel-Ballivetet Ce, place du Marché, 8.